Z
BASQUE
273

DE LA FORMATION DES NOMS

DANS

LA LANGUE BASQUE

PAR M. DUVOISIN.

PAU
IMPRIMERIE ET LITHOGRAPHIE Vᵉ VIGNANCOUR.

1874.

DE LA FORMATION DES NOMS
DANS LA LANGUE BASQUE

Au sein de nos Pyrénées se perpétue de siècle en siècle une langue dont le caractère tranche parmi tous les idiomes qui sont aujourd'hui l'objet d'études philologiques sérieuses. Les ouvrages de linguistique générale ne peuvent la passer sous silence et beaucoup d'auteurs en ont parlé; mais, disons-le avec regret, la plupart possédaient ce sujet d'une manière bien insuffisante. Quelques uns se sont occupés de comparaisons lexicographiques entre le basque et les langues orientales. Que de réserves à poser devant leurs superficielles recherches! Une langue consiste moins dans les mots dont elle se sert que dans la grammaire qui les coordonne. En effet, si tous les peuples parlaient suivant les règles d'une grammaire unique, lors même que chaque nationalité userait de termes différents, ne pourrait-on pas dire que toutes ont la même langue? Avec cela, je suis loin de prétendre que les comparaisons lexicographiques doivent être mises de côté; mais il faut s'élever contre ces écrivains qui effleurent plus qu'ils n'approfondissent, dont l'imagination s'empare de toute légère apparence pour en tirer des inductions fausses, propres tout au plus à embarrasser les sentiers de la science.

Si ces abus sont à blâmer, l'étude des lexiques est éminemment utile ; elle est nécessaire ; et pour y prêter aide, en ce qui concerne le basque, je vais donner ici quelque idée de l'esprit qui a présidé à la formation de ses mots.

Disons d'abord que des philologues très autorisés ont rapproché la grammaire basque de celles des langues asiatiques et américaines ; ils ont procédé par voie de synthèse et par voie d'analyse, et après ces patientes investigations, ils déclarent que dans l'état actuel de la science, le basque demeure encore seul de sa famille ; résultat négatif qui irrite plus la science qu'il ne la satisfait.

L'Espagne a subi dans le cours des siècles de nombreuses invasions ; les Celtes, les Carthaginois, les Romains, les Goths et les Maures s'y sont établis tour à tour. Les Basques se sont tenus à l'écart de ces conquérants ; néanmoins il n'est pas surprenant que, par suite de leurs relations obligées, ils aient adopté des mots provenant de langues très-diverses. On pourrait en tirer des conclusions absolument contradictoires.

Le basque n'a pas d'affinité d'origine avec les langues qui expriment les idées accessoires de détermination par des altérations intérieures du radical. Toute cette catégorie doit être écartée de prime abord, car le caractère bien marqué du basque est de former ses dérivés par l'addition d'affixes et de mots énonçant par eux-mêmes la pluralité, le temps ou le mode. Essayons d'ouvrir une perspective sur cette partie la moins connue de la langue ibérique.

Avant de donner des mots basques, je dois m'expliquer sur la valeur phonique des caractères dont je me sers pour les écrire.

L'écriture et les inscriptions ibériennes sont le sujet d'un grand débat entre les numismates. Quelque chose qu'il en soit, si les ancêtres des basques ont possédé un alphabet national, il est certain que leurs descendants l'ont perdu. La conquête militaire des Romains n'aurait peut-être pas suffi à détruire entièrement l'usage de signes graphiques particuliers aux habitants de la péninsule ibérique, si elle n'eut pas reçu le puissant concours des apôtres de l'Evangile. L'Eglise fit entrer les Basques dans le concert des populations néolatines dont ils étaient environnés et auxquelles nos montagnes offriren un refuge pendant les invasions étrangères. C'est ainsi que l'usage de l'alphabet latin s'est généralisé par toute l'Espagne. Il représente mal les sons basques; de là le manque d'uniformité de méthode dans nos livres. L'historien Oyhenart essaya le premier, au commencement du XVII° siècle, de soumettre l'orthographe à une règle scientifique. Mais on écrivait peu dans dans ce temps-là et la réforme tentée par notre savant compatriote n'eut pas une influence durable. Disons pourtant que l'orthographe basque a tendu d'une manière visible à devenir de plus en plus régulière. Les ouvrages importants publiés durant ces dernières années, s'accordent à suivre une méthode à peu près uniforme. Dans le nombre, je citerai le *Verbe* de M. le chanoine Inchauspé, la *Bible basque*, le *Dictionnaire* de M. Fabre, le *Vocabulaire* de Salaberry, le *Laborantzako Liburua*, presque toutes les pièces de vers couronnées au concours annuel de poésie basque fondé par M. A. d'Abbadie (de l'Institut). Un ouvrage hors ligne que publie S. A. le prince Louis-Lucien Bonaparte, le *Verbe basque selon les huit dialectes de l'euskara*, observe cette orthographe rationnelle.

Sur les 25 lettres de l'alphabet latin, deux restent sans emploi, le *q* parce qu'il serait en concurrence avec le *k*, et le *v* parce que ce son est étranger au basque. Le *c* n'entre que dans la combinaison chuintante *ch*. Le *g* est toujours dur comme dans *gare*; ainsi *gire*, *gere* se prononcent comme *guide*, *guêtre* en français. Le *j* a un son mouillé qui le distingue de l'*y*. Les deux *ll* sont mouillés, et par analogie, on se sert de deux *tt* pour rendre le son mouillé du *t*. Le *ñ*, surmonté du trait castillan, se prononce comme dans *pagne*. Le *r* entre deux voyelles est doux comme dans *ere*, et rude à la fin des mots. Le *s* a un son rude étranger au français, mais pratiqué par l'espagnol. Le *z* se prononce comme le *s* français ou plutôt le *ç*. La voyelle *u* se prononce *ou*. L'*e* a deux sons; il est tantôt fermé et tantôt mi-ouvert : dans *etche* (maison), le premier *e* est mi-ouvert de même que dans tous les mots où cette voyelle forme seule la syllabe initiale; le second *e* est fermé comme dans tous les mots qu'il termine; c'est pourquoi on n'établit pas d'accent distinctif. Les autres lettres gardent leur prononciation connue.

Après ces explications entrons dans l'examen du système qui semble avoir présidé à la formation des mots basques.

La majorité des noms simples ou radicaux se composent de deux syllabes ; et particularité à noter, ils ne finissent jamais par certaines consonnes, par *b*, *d*, *f*, *g*, *h*, *j*, *k*, *m*, *p*, ces consonnes ne terminent même pas une syllabe au milieu des mots. A cette règle générale il n'y a qu'une exception ; le *k* reste final dans quelques rares racines verbales, telles que *iduk* (tenir), *idek* (ouvrir), *igurik* (attendre).

L'exclusion indiquée vient de ce que le basque aime les sons pleins et à forte articulation, tandis que les lettres exclues des finales laissent le son comme suspendu et inachevé. Elles ne peuvent pas non plus être initiales en société avec une autre consonne (exceptant le *r*) ; le latin *sponsus* est devenu *espos* ; *spatium*, *espazio*. Au milieu des mots, elles subissent la suppression comme dans *iskritura* (de *scriptura*), ou une altération comme dans *atsoluzione* (de *absolutio*).

Le *r* est assez résistant pour terminer un mot, il n'est pas assez plein pour en commencer aucun. Des ablatifs latins *raro*, *rege* sont venus les noms basques *arraro*, *errege*.

Une chose plus difficile à expliquer, c'est la répugnance du basque à commencer ses noms par un *d*, tandis que cette lettre fourmille dans la conjugaison au commencement d'une multitude de personnes. Et néanmoins c'est à peine si quelques rares substantifs débutent par un *d*.

Le *f* est également rare soit au commencement, soit dans l'intérieur des mots, et l'on se demande si cette lettre a de tout temps servi dans le basque. On la rencontre dans peu de mots et la plupart de ces mots sont empruntés au latin, au français ou à l'espagnol. D'autre part, d'une localité à l'autre, le *f* fait place à un *h* ou à un *p*. Les Labourdins disent *alfer* (paresseux) ; les Bas-Navarrais, *auher* ; les Guipuzcoans, *alper*. Notons que le gascon, issu du roman, répugne au *f* : du latin *fons* il a fait *houn* ; de *fortis*, *hort* ; de *furca*, *hourque*, etc. Cet éloignement vient-il de quelque langue primitive ? Ce son n'est-il pas naturel ? S'il est naturel, comment ne serait-il pas ancien ? Cependant le basque possède des mots qui lui sont propres, des onomatopées qui sont à son seul usage et dans lesquels figure le *f*. De plus, des néologismes qui auraient dû se trouver sans *f*, en sont pourvus : *froga* venant de *proba*, *ferde* de *vert*, *foltsu* de *pouls*, etc. — Après cela, au lieu de se demander si le basque a acquis ce son, ne serait-on pas plus près de la vérité en disant qu'il a failli le perdre sous l'influence du roman ? Cette influence, le basque d'Espagne l'a subie d'une manière bien plus intense que celui de France : quand le Guipuzcoan dit *presko* (frais), *pin* (fin), *paltso* (faux), le Labourdin dit *fresko*, *fin*, *falsu*.

Le basque contient une foule de termes qui se distinguent par une structure particulière due à certaines harmonies auxquelles les étrangers peuvent n'être pas sensibles, mais que l'oreille basque saisit à l'instant et reconnaît pour siennes. Il est d'autres formations que la plupart des langues admettent volontiers, par exemple celles qui ont pour principe des répétitions de voyelles et de consonnes, propres à produire des effets particuliers ou à faire image ; de ce nombre sont les verbes *murmurer*, *titiller*, etc. Le basque marche peut-être plus loin qu'aucun autre dans cette voie ; en tout cas, il affecte plus de régularité dans les formations auxquelles il imprime son cachet propre. Quand le latin dit *murmur*, *sussurrum*, *cachinnus*, le basque n'aura pas tant de déterminatifs différents; il dira *marmara*, *gargara*, *karkara*.

Son système ne s'arrête pas aux onomatopées. Les noms et les qualificatifs des objets durs, secs, rudes, les mots renfermant l'idée de la force, de la violence se termineront souvent en *ar*, *arra*; *or*, *orra*: *malkharra* (lieu raboteux), *indarra* (force), *patarra* (forte côte), *konkorra* (bosse), *mokhorra* (motte, bloc), *hazkarra* (fort), *iharra* (sec), *gogorra* (dur), *gothorra* (solide), etc., etc.

Les répétitions de voyelles et de consonnes, paraissent ailleurs avec des terminaisons diversifiées suivant différents ordres d'idées. Un individu mal bâti, aux formes irrégulières, sera qualifié de *kankaila*, *kaskaila*, *koskoila*, *korkoila*, etc., autant de mots nuancés qui peignent l'homme aux yeux de celui qui est familiarisé avec la langue.

Du physique passant au moral, le basque use de la même méthode avec des variantes multiples. Un individu dépourvu de vergogne, témoignant par son désordre extérieur ce qu'il peut valoir au fond, sera appelé *zirtzila*, *pirtzila*, *zartzaila*, *zantzaila*, *zampaila*. — Les pauvres d'esprit depuis le sot jusqu'à l'idiot, ne manqueront pas d'épithètes : *lele*, *tetele*, *tutulu*, *totolo*, *lolo*, *zoro*, *zozo*, etc.

Les répétitions s'exercent encore de plusieurs autres manières.

Un adjectif répété forme un intentif de la valeur du superlatif : *geldi* (tranquille), *geldi-geldia* (immobile), *gogor* (dur), *gogor-gogorra* (très-dur), *arin* (léger), *arin-arina* (très-léger).

Les substantifs qui marquent un sentiment, répétés sur le génitif, donnent une grande force à l'expression : *minarenminez* (à force de souffrir), *gaitzaren-gaitzez* (à force de déplaisir). Les noms verbaux suivent la même marche, ou bien répètent le radical : *hariz-hariz* ou *hariaren-hariz* (à force de faire) ; *ibiliz-ibiliz* ou *ibiliaren-ibiliz* (à force de marcher).

Voici une formation plus singulière, mais aussi plus rare ; elle consiste à remplacer par un *m* et quelquefois un *b* la première lettre du mot répété : *handi-mandiak* (les grands de la terre), *hautsi-mautsiak* (les transactions ou accommodements), *duda-mudak* (les doutes ou perplexités), *nahas-mahas* (pêle et mêle), *itsu-mitsuka* (à l'aveuglette), *tira-biraka* (par tiraillements), *zurru-burru* (mélange d'objets de peu de valeur). Larramendi (Prol. du Dict., 2ᵉ édition, p. 192) dit dans ce dernier sens : *Lapiko bat zaduraz baduraz betea* (marmite pleine de toute sorte d'ingrédients). Cette citation est l'une des mille qu'on pourrait faire pour démontrer que le même esprit préside toujours au langage aux deux versants des Pyrénées.

Enfin, il y a une combinaison toute différente qui consiste à sertir la désinence fréquentative *ka* dans les noms verbaux. *Ambiltzea* (faire rouler un corps pesant) devient *ambilkatzea*; *chehatzea* (hacher) devient *chehakatzea*; *puskatzea* (mettre en morceaux) devient *puskakatzea*. La nature de l'action ne change pas, c'est l'expression qui acquiert de l'énergie et vient faire image.

On a pu remarquer que, dans ce mode de formation, la désinence *ka* se lie au radical soit d'un nom verbal, soit d'un simple substantif qu'il transforme en nom verbal : de *oska* (coche), *sista* (coup de pointe) etc., on fait *ozkakatzea* (entailler), *sistakatzea* (percer de coups). Ce sont là des dérivés qui me conduisent naturellement à donner quelques explications sur le rôle étendu que les désinences remplissent dans la langue basque.

Les désinences affixes sont *préfixes*, *suffixes* ou *interfixes* et donnent naissance à des mots composés et surcomposés. Elles se lient non-seulement aux radicaux, mais même, quoique plus rarement, à quelques cas de la déclinaison. Il en résulte un radical nouveau qui, pouvant recevoir un ou plusieurs autres affixes, devient alors surcomposé.

On rencontre quelquefois dans un seul mot les trois espèces de désinences que j'ai nommées. En voici un exemple : *atzar* (s'éveiller), *iratzar* (réveiller), *iratzarraraz* (faire réveiller), *iratzarrarazpen* (l'action de faire réveiller). Au reste, un mot est susceptible de recevoir plus ou moins d'affixes suivant le sens qu'il exprime.

Les désinences basques sont de deux sortes : les unes sont des particules qui, isolés des mots, ne présentent aucun sens : *ki, kin, ko, ba, bait, che, di*, etc.; les autres sont des noms qui s'allient par juxtaposition à d'autres noms pour leur donner une signification complexe : *buru* dans *ithurburu* (source), *dun* dans *hartzedun* (créancier), *zordun* (débiteur).

Le radical d'un nom verbal se découvre dans l'impératif du verbe : *jo zak* (frappe), *hil zak* (tue), *bil zak* (amasse); *jo, hil, bil* sont les radicaux.

Ces radicaux entrent sans modification dans plusieurs temps de la conjugaison ; mais pour d'autres temps ils reçoivent des suffixes. La plupart des noms infinitifs se forment par l'adjonction de la désinence *tze* au radical : *hel-heltze* (atteindre), *ur-urtze* (fondre), *higa-higatze* (user).

Mais si le radical se termine par un *k*, comme dans *ebak* (couper), *atchik* (tenir), *idek* (ouvrir), un *i* euphonique précède le suffixe : *ebakitze, atchikitze, idekitze.*

Les radicaux finissant en *n* font presque tous leur infinitif en *tze*; quelques-uns seulement et en fort petit nombre, laissent tomber ce *n* final et prennent pour suffixe *te* : *erron* (pondre), *errote; jan* (manger), *jate; entzun* (entendre), *entzute.*

La désinence *te* sert encore les radicaux qui finissent en *ch, s, z, ts, tz*; *errech* (faciliter), *errechte; eras* (bavarder), *eraste; haz* (nourrir), *hazte.* Quand la finale est en *ts* ou *tz*, le *t* tombe : *jauts* (descendre) *jauste; hits* (ternir), *histe; utz* (laisser) *uzte.*

Le nom verbal-participe, qui entre dans plusieurs temps de la conjugaison, se compose du radical et de l'un des suffixes *tu* ou *i* : *har* (prendre) *hartu; zilha* (percer) *zilhatu; igor* (envoyer) *igorri; ibil* (marcher) *ibili.* — Il faut dire pourtant que les participes en *i* sont en très grande minorité et que l'usage seul peut les faire connaître.

Enfin les radicaux terminés en *n* et qui font l'~~impératif~~ *infinitif* en *te* sont en même temps radicaux et participes ne subissant d'autre changement que ceux que la déclinaison impose à tous les noms.

Un dernier nom verbal se forme par la désinence *ko* ajoutée au participe *zilhatuko*, *ibiliko*, etc. — Cette règle ne souffre d'exception que pour les rares radicaux en *n* qui laissent tomber cette lettre finale à l'infinitif. Ces noms prennent la désinence *en* au lieu de *ko* : *erron*, *erronen* ; *eman*, *emanen*, etc.

Je viens de nommer la désinence *ko* ; c'est bien celle qui est entre toutes la plus curieuse à connaître ; elle se distingue par le nombre et la variété des situations où elle trouve place. Notamment elle s'adapte aux noms dans quatre cas de la déclinaison, dont deux indéfinis, le passif et le médiatif, et deux définis, le directif et l'ablatif ; et, par cette raison qu'elle se lie directement à plusieurs cas, elle exprime des sens différents les uns des autres et même opposés jusqu'à un certain point. Emploi avec le passif : *zeru* (ciel), *zeruko bidea* (le chemin du ciel) ; — avec le directif : *zerurako bidea* (le chemin qui mène au ciel) ; — avec l'ablatif : *zerutikako mintzoa* (la voie qui vient du ciel). Dans *zerutikako*, l'*a* est placé par euphonie entre le *k* final du nom et le *k* initial du suffixe. Il y a des dialectes qui préfèrent supprimer l'un des deux *k* et disent *zerutiko*. — Avec le médiatif, la désinence *ko* fait connaître la nature des objets : *burdinazko hacha* (essieu de fer) *zurezko kereta* (claie de bois).

Le nom défini ayant seul un pluriel, le suffixe *ko* l'y suit : *Zeruetako*, *zeruetikako*, *zeruetarako*. Mais ce qui est plus fort, il peut imposer au passif indéfini, sans en dénaturer le caractère, le signe du pluriel : *lekhu* (endroit) *asko tekhutako gizonak* (les hommes de bien des endroits).

J'ai dit que cette désinence unie au participe forme un nouveau nom verbal ; elles sert alors à marquer une action future, bien que le participe implique le sens du passé : *hautsi* (brisé), *hautsiko dut athea* (je briserai la porte). Cependant si ce composé se rapporte à un substantif et non au verbe, il n'est plus qu'un nom pronominal indiquant un sens du passé ; *athe hautsiko izkina* (le coin de la porte brisée).

Lié à un nom infinitif, *ko* marque une action future : *ikusteko da* (c'est à voir), *jateko ematen diot* (je le lui donne à manger); — *ethortzekoa da* (il est devant venir, il doit venir). — Si on place ce composé au positif indéfini, il marque, suivant les circonstances, intention, condition, ou détermination de temps : *ethortzekotan da* (il est dans l'intention de venir), *ethortzekotan eman diot* (je lui ai donné à condition de venir), *ethortzekotan zelarik* (quand il était au moment de venir. — Le même suffixe uni au directif du nom infinitif, indiquera encore le temps si on place le composé nouveau au positif défini : *ethortzerakoan erran diot* (je lui ai dit au moment de venir).

Du nom infinitif, associé à la désinence *ko*, se sont formés divers substantifs désignant l'usage des objets qu'ils dénomment : *jatekoa* (victuaille), *edatekoa* (boisson), *burukoa* (coiffure de femme), *lephokoa* (châle), *soinekoa* (vêtement), *oinetakoa* (chaussure),

Le suffixe *ko* s'attache au verbe lui-même dans tous les temps, toutes les personnes, toutes les relations terminées par la désinence subjonctive *la*, et en fait des noms pronominaux. — Je suis loin d'avoir indiqué tous les emplois que trouve l'affixe *ko*, qui se fourre partout et que nous rencontrerons encore.

La meilleure méthode de classifier les désinences basques, c'est de les grouper par genres.

On rencontre au premier plan les suffixes ethniques *ar* et *ko* s'unissant à des noms de lieux ; *Baigorri*, *Baigorriar* (Baigorrien), *Baigorriko* (homme ou chose de Baigorri).

Les suffixes topographiques servent à composer les noms propres de lieux. On en compte plus de 30 principaux ; les uns sont des particules, tels que *aga* dans *Harriaga* (lieu pierreux), *di* dans *Lezardi* (frênaie) ; d'autres sont des mots juxtaposés comme *berri* dans *Etcheberri* (maison neuve), *gain* dans *Larregain* (hauteur de lande). De là sont venus les noms patronymiques anciens, c'est-à-dire que chaque particulier s'est appelé du nom de son domaine.

Les noms communs de lieux se forment avec une partie de ces affixes : *sagardi* (pommeraie, *hariztoy* (chênaie), etc.

Il y a des affixes de temps, par exemple *te* marquant une série de jours semblables : *hormate* (temps de gelées), *urite* (temps de pluie), *gerlate* (temps de guerre), *izurrite* (temps de peste), *agorte* (temps de sécheresse), etc. — Je citerai encore le suffixe *o*, lequel, du verbe devenu pronom possessif par l'adjonction d'une première désinence, forme un pronom de temps. Ainsi *dut* (j'ai), *naiz* (je suis), deviennent *dutan*, *dutana* (ce que j'ai), *naizen*, *naizena* (ce que je suis). Au lieu du déterminatif *a*, placez le suffixe *o* et vous aurez *dutano* (tant que, tout le temps que j'aurai), *naizeno* (tant que je serai).

La désinence *ko* trouve encore ici son emploi, avec addition d'un *e* euphonique, en qualité d'affixe de temps : *dutan*, *naizen*; *dutaneko*, *naizeneko* (pour le temps où j'aurai, où je serai).

D'autres affixes sont applicables aux temps et aux lieux; tels sont *alde*, *ondo*, *bait*, *dino*, etc., dans *etchalde*, *baxterralde* (bien de campagne), *goizalde* (matinée), *arraxalde* (après-dîner); *etchondo* (alentours de la maison), *ilhunondo* (temps qui suit la tombée de la nuit), *nombait* (quelque part) *noizbait* (quelque jour).

Dans l'impossibilité de tout citer, je me bornerai à signaler les affixes numéraux, interrogatifs, affirmatifs, négatifs, factitifs, professionnels, conditionnels, possessifs, privatifs, spécificatifs, de quantité, de contenance, de mesure, de faculté, d'action, de parenté, de politesse, etc., etc.

Une langue aussi riche en désinences doit nécessairement posséder beaucoup de précision et de lucidité. La racine basque trace autour d'elle, dans un vaste rayon, semblable à une végétation pleine de vigueur, qui va se ramifiant par tous les plis que parcourt la pensée. Elle embrasse le domaine de l'idée avec une aisance surprenante. C'est ce que fera comprendre sa manière d'arriver à exprimer les degrés de comparaison. Ici, le génie de la langue se déploie avec une flexibilité et une abondance faites pour étonner les esprits les mieux préparés aux conceptions hardies.

Les qualificatifs ont quatre degrés de signification ; le positif, le comparatif, le superlatif et l'excessif. L'excessif forme trois divisions. Prenons un exemple : *gizen* (gras), *gizenago* (plus gras), *gizenen* (le plus gras), *gizenegi* (trop gras), *gizentche* (un peu trop gras), *gizentchegi* (un petit peu trop gras). — Chacun de ces degrés et divisions est susceptible de recevoir six nuances (en sus de celles qui leur sont propres) par six nouveaux affixes *to*, *tto*, *sko*, *chko*, *skoto*, *chkotto*, qui s'attachent au radical et reçoivent ensuite les degrés de comparaison. Chaque nuance peut même être doublée par la désinence diminutive *ch* qui modifie légèrement le radical en faisant *gichen* de *gizen*. Ces nuances sont très-déliées. Chaho en donne encore d'autres qui sont propres au dialecte souletin (Etudes gram. sur la langue euskarienne, p. 28). — Les mots ainsi composés se surcomposent encore par l'union aux désinences pronominales *ko* et *aren* : *gizeneko*, *gizenagoko*, *gizeneneko*, etc. ; *gizenaren*, *gizenagoaren*, *gizenenaren*, etc. — Toutes ces formes passent par les 25 cas de la déclinaison définie et indéfinie.

Ce n'est pas tout. *Gizen* se transforme en adjectif adverbial *gizenki*, *gizenkiago*, etc. (grassement, plus grassement). L'adjectif adverbial reste au passif indéfini, non point pourtant qu'il n'en sorte jamais, puisque l'on dit : *zalhukienik ethorri dena* (celui qui est arrivé le plus promptement), *gogorkienik jo nauena* (celui qui m'a battu le plus rudement), mais c'est au moyen des affixes de comparaison, qu'il est susceptible de recevoir.

Celui qui ferait le tableau de cette multitude de modifications, au nombre de plusieurs centaines en formes principales, et de plusieurs milliers en formes déclinées, partant toutes d'une seule racine, serait peut-être tenté d'y voir plus de théorie que de réalité. Ce serait une erreur de sa part. Là, tout est positif, tout est pratiqué. Un paysan absolument illettré, un enfant même se sert sans gêne de ces mots en les prenant dans n'importe quel coin de cadre. La raison en est bien simple : la langue basque possède un système de particules augmentatives et diminutives, applicables à toute espèce de mots; le sens seul leur sert de limite; ce caractère de la langue, l'enfant s'en imprègne dès le plus bas âge ; il en commence l'application dès qu'il balbutie, car son langage enfantin est tout entier composé de diminutives.

Je suis loin d'avoir poussé à l'extrême les déductions à tirer d'une simple racine telle que *gizen*, nom substantif et adjectif en même temps, qui par lui-même et par ses dérivés *gizentze*, *gizendu*, *gizenduko*, représentera dans le vaste cadre de la conjugaison tous les temps du présent, du futur et du passé. Je n'ai point parlé de nombreuses désinences qui peuvent modifier cette racine et en faire des noms nouveaux soumis à la loi de la déclinaison ; en sorte qu'une seule racine dont on établirait le développement complet pourrait sans peine remplir un volume. C'est presque avec hésitation que je découvre devant une assemblée de savants sérieux cet inimaginable tableau de réalités, improbables aux yeux de l'homme qui n'a pas approfondi la puissance féconde d'une langue primitive si éloignée de nos idiomes modernes. On a dit que les enthousiastes qui ont vanté le basque n'ont guère fait que du tort à leur thèse. La véritable science ne doit pas être arrêtée par les assertions plus ou moins contestables ou réductibles des idéologues ; elle doit aller au fond et rechercher les faits. Quant à moi, je ne lui présente pas autre chose, et c'est sur les faits que j'appelle son attention. La caractéristique de notre époque est la volonté d'approfondir les choses, de pousser les recherches aussi avant que possible. Cette louable ambition nous a déjà valu beaucoup de découvertes de la plus haute importance dans la plupart des branches des connaissances humaines et notamment dans la linguistique. Les amis de cette science devront un hommage de reconnaissance au prince Louis-Lucien Bonaparte, non seulement pour les travaux personnels auxquels il se livre sans trêve depuis longues années, mais encore pour la publication qu'il a fait faire à ses frais de plus de 150 éditions d'ouvrages dans diverses langues d'Europe.

La nature de ces travaux nous révèle le plan du Prince. Présenter une langue dans ses principaux dialectes, c'est en faire connaître tous les ressorts ; rapprocher les langues après avoir rassemblé toutes leurs ressources, c'est fournir à la science les moyens les plus parfaits de comparaison et de contrôle. Si on bornait l'étude d'une langue à celle des chefs-d'œuvre qu'elle a produits, on la connaîtrait mal sous le point de vue scientifique : il faut la suivre dans ses dialectes, c'est dans ces variétés populaires que l'on découvre le véritable esprit du langage. Aussi le prince Louis-Lucien nous présente-t-il l'italien, par exemple, tel qu'il est parlé dans les provinces de la péninsule, dans celles qui sont attachées à l'Allemagne et à la Turquie, et dans les îles. On dirait un tableau synoptique comparatif où se rangent 21 dialectes.

L'anglais n'est pas moins largement représenté, et nos voisins sauront gré au prince français de deux cartes linguistiques d'Angleterre et d'Ecosse qu'il fait actuellement graver à Londres. Les dialectes français de nos provinces et l'allemand de plusieurs cantons occupent leur place dans le cadre de ces publications. Le prince n'a pas négligé les langues anciennes qui se sont conservées en dehors des grands courants, le celtique, le gaëlique, l'anglo-saxon, le cornique qui vient de succomber, et le basque, si vivace encore, dont tous les dialectes sont représentés par nombre d'ouvrages, dont quelques uns sont considérables. Je citerai entre autres la carte linguistique des sept provinces, gravée en taille-douce depuis plusieurs années, et qui ne paraît pas devoir être encore livrée au public. M. A. d'Abbadie a seul l'avantage d'en posséder un exemplaire. Je ne m'étendrai pas davantage sur ces publications dont il existe des catalogues imprimés. Je suis heureux de pouvoir en offrir un exemplaire au Congrès scientifique.

Je ne saurais mieux finir qu'en parlant du grand ouvrage auquel le prince Louis-Lucien consacre tous ses soins depuis plusieurs années ; je veux parler du *Verbe basque, accompagné de notes grammaticales, selon les huit dialectes de l'euskara, avec les différences de leurs sous-dialectes et variétés.*

On ne saurait dire ce qu'il a fallu de temps, de recherches, de peines et de dépenses pour amasser les matériaux de cet immense travail ; — et mettre ces matériaux en ordre, et en faire un corps d'ouvrage était peut-être plus difficile encore. Le public en possède déjà la 1re partie ; l'impression de la 2me est, je crois, terminée ; et celle de la 3me est en cours d'exécution.

J'ai pensé que ces renseignements ne seraient pas sans intérêt pour le Congrès ; j'étais d'ailleurs pressé par un autre sentiment qui me pesait depuis longtemps sur le cœur ; il m'était inspiré par la connaissance que j'ai de l'empressement avec lequel les savants étrangers, et principalement les Russes, accueillent les publications du Prince, quand la France les laisse passer presque inaperçues.

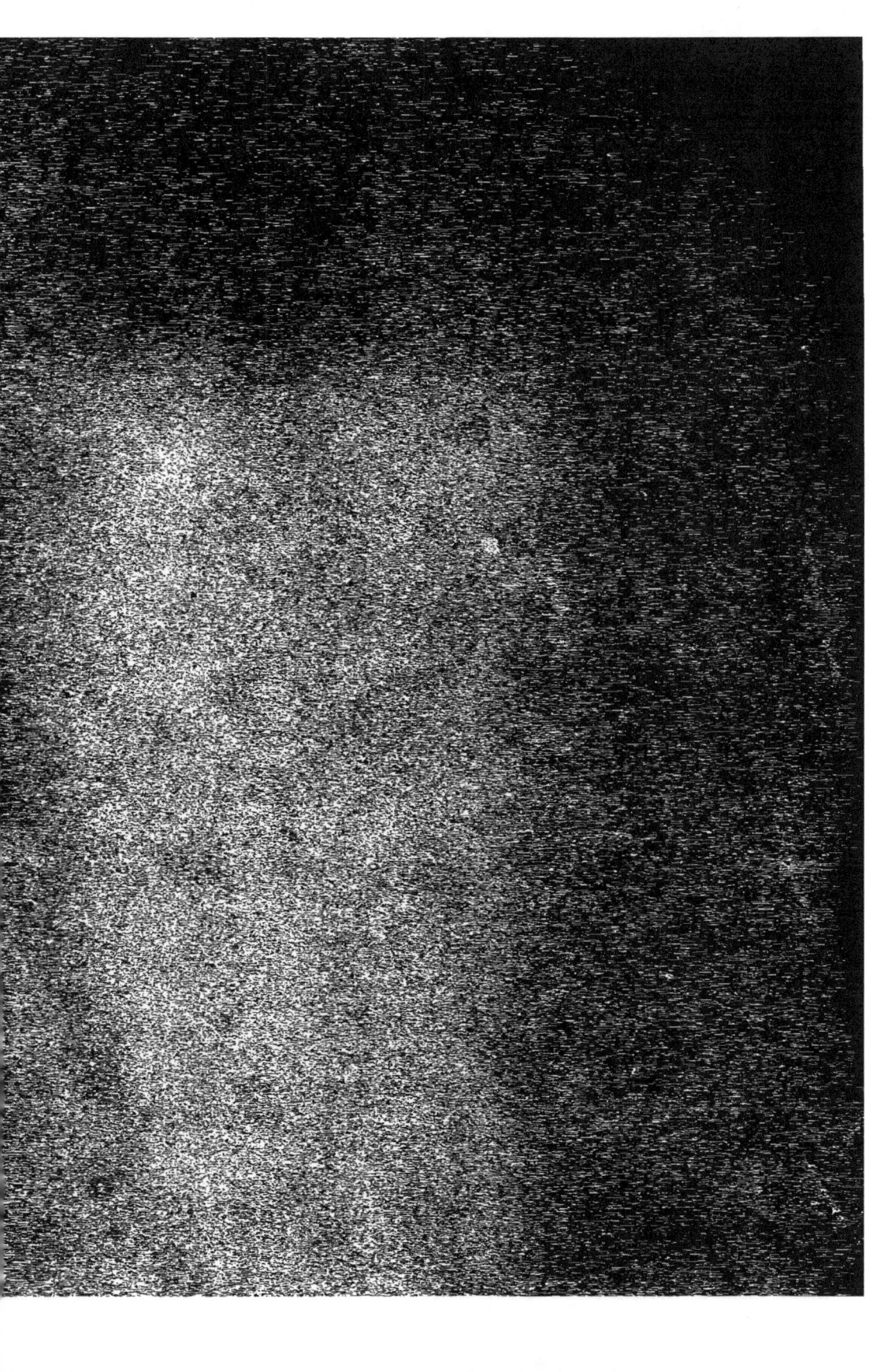

www.ingramcontent.com/pod-product-compliance
Lightning Source LLC
Chambersburg PA
CBHW071423060426
42450CB00009BA/1983